오뚝이,
가끔 누워있어도 괜찮아. 3

작가의 말

"말이 입힌 상처는, 칼이 입힌 상처보다 깊다"

모로코에는 이런 속담이 있답니다.
우리 모두 말에 상처 입은 적이 있을 거예요.
툭 던져진 말 한마디가 마음속 깊은 곳에
큰 상처로 남을 수도 있답니다.

우리는 이럴 때 좀 더 따듯한 위로가 필요해요.
거창하지 않아도, 따듯한 말이 필요하고
나의 옆을 다정히 지켜주고
나와 함께 시간을 보내주는 것도 소중해요.
우리 트라, 새싹, 오몽이 같은 친구들처럼요.

< 오뚝이, 가끔 누워있어도 괜찮아. 3 >은
우리 모두의 마음속 깊은 곳, 상처를 위로할 책이에요.

악플에 상처받은 소뮤가
여행에서 만난 친구들에게 위로받은 것처럼,
모진 말에 상처받은 누군가도 이 책을 통해
작은 위로를 얻을 수 있길 바랍니다.

트라와 친구들의 위로를 넘기다 보면
우리의 마음속 깊은 상처들이
따듯한 말, 소중한 말, 고마운 말들로
다정하게 치유되었을 거예요.

다정한 말들을 더 많이 떠올려봐요!
분명, 우리에게도 소중하고 다정하고 따듯한 말들이 많을 거예요.

이종운, 지현정

프롤로그

넘어져도 괜찮아,
쉬어가도 괜찮아, 라고
쉬어갈 용기를 주려왔어

다정한 친구들과 함께
너에게 행복과 여유를
전해주고 싶어

우리,
함께 넘어지며
찾아보자!

목차

작가의 말	6
프롤로그	8
지난 이야기	16
01. 여행?!	21
02. 여행 준비	27
03. 비행기	31
04. 기내식은 맛있어	35
05. 우연한 만남	41
06. 도움!	47
07. 한번은 인연, 두번은 필연	51
08. 보답	55
09. 3+1	59
10. 주문	63

11.	행복의 아이콘	69
12.	여행 시작	75
13.	기차 여행	81
14.	사진 찍기	91
15.	금강산도 식후경	99
16.	힐링	107
17.	도레미송	113
18.	의도치 않은 유혹	117
19.	오뚝이가 버터를 만들면	123
20.	파자마 파티	129
21.	따뜻한 위로	133
22.	빛이 강할수록	139
23.	어둠도 짙어진다	145
24.	문제의 무대 공연	151

25.	한계	157
26.	속마음	163
27.	여행, 만남	167
28.	소뮤의 회상	173
29.	힐링의 시작	177
30.	좋은 말, 고마운 말	183
31.	좋은 기억	191
32.	소뮤의 행복	195
33.	다시 만날 약속	201
34.	트라에게 무슨 일이?!	207

보너스	214
에필로그	217
보너스 정답	224

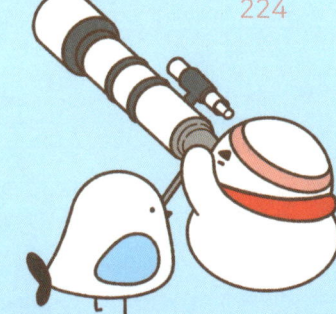

지난 이야기

1권에서 볼 수 있어요!

2권에서 볼 수 있어요!

Chapter 5

Chapter 5

ep 2. 여행준비

Chapter 5

ep3. 비행기

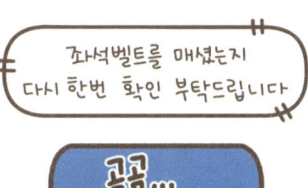

Chapter 5

ep4. 기내식은 맛있어

찰　　　싹

Chapter 5

ep5. 우연한 만남

Chapter 5

ep 7. 한번은 인연, 두번은 필연

Chapter 5

Somy ♡
행복하세요 :)

ep 8. 보답

Chapter 5

ep9. 3+1

Chapter 5

ep10. 주문

Chapter 5

ep11. 행복의 아이콘

기차여행이라니 너무 멋지겠어요~ 특히 예쁘잖아요 여긴 자연경관이

소유님은 기차 안 타시나요?

네에...

Chapter 5

ep12. 여행시작

Chapter 5

ep13. 기차여행

Chapter 5

ep14. 사진찍기

Chapter 5

ep15. 금강산도 식후경

내가 덩치가 큰 편이라
데뷔초부터 그걸로 악플을
많이 받아와가지고...

Chapter 5

ep16. 힐링

***님 댓글

소뮤 XX 싫어

***님 댓글

ㅈㅅ해

***님 댓글

나 소뮤 중학교 동창인데 소뮤 담배 피우ㄷ

Chapter 5

ep17. 도레미농

ep18. 의도치 않은 유혹

Chapter 5

ep19. 오뚝이가 버터를 만들면

Chapter 5

ep20. 파자마 파티

Chapter 5

ep21. 따뜻한 위로

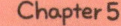

ep22. 빛이 강할수록

무명이라도 데뷔를 해서 기뻤고
점점 더 많은 분들이
내 노래를 들어주셔서 기뻤고

도전할 기회가 늘어나는 나날이 기뻤어
기쁨과 영광이 감사한 나날이었어

그러나 누군가 말했지

빛이 강할수록

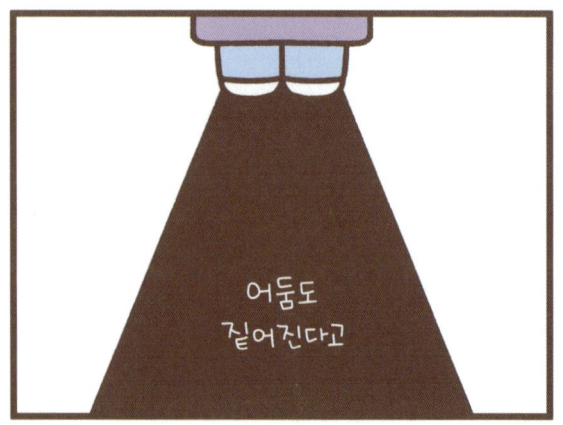

***님 댓글

소뮤 XX 싫어

***님 댓글

ㅈㅅ해

***님 댓글

나 소뮤 중학교 동창인데 소뮤 담배 피으

Chapter 5

ep23. 어둠도 깊어진다

밍이 본 노뮤 반응 (소름주의)

밍이 지나가니까 확 찡그리네
찍힐 줄 몰랐나보네
그러게 표정 관리 좀 하지ㅋ;
노뮤가 후배들 그렇게 잡는다며

노뮤 시상식 태도 논란

원래 방송태도 별로인 걸로 유명함
망해봐야 정신 차리지
지금 무대 중인 후배 견제하는 거 ㅋㅋ

끝임없이, 집요하게, 쌓여만 가는 모진 말들에

어느새 나는 일일이 변명을 늘어놓고 있었다

온몸이 멍투성이가 된 것처럼
검게 물들어가는 듯 했다

Chapter 5

ep24. 문제의 무대공연

Chapter 5

ep26. 녹마음

왜 내 삶의 일부를 도려내어
곡해하고, 비난할까

나는 매분매초 완벽할 수 없는데

어쩔 수 없는 일이라며
당연하게 상처 받아야 하는 거야?

아니면 상처를 줘도
내가 아프지 않아야 하는 거야?
어떻게?

나의 어떤 모습을 사랑해?
어떤 모습을 싫어해?
알 수 있으면 좋을 텐데
싫은 일들은 하나도 안하게

Chapter 5

ep27. 여행, 만남

어쩌면 새로운 인연을 만나서
좋은 추억이 생길지도 모르고

라더니…

사람이 점점 몰려들고 있어
역시 여행은 그만둘까…

경호? 공항에서 나왔나?
유니폼이 아닌데…

? 긴가   ? 민가

Chapter 5

Chapter 5

ep29. 힐링의 시작

Chapter 5

ep 30. 좋은 말, 고마운 말

무가치한 말에 네 삶을 내어주지마
그러기에 너는 너무 소중하고, 반짝이고,
사랑스러운 존재잖아

Chapter 5

ep31. 좋은 기억

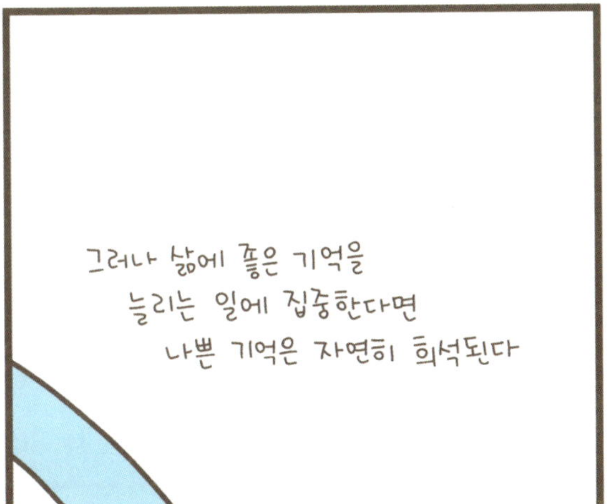

그러나 삶에 좋은 기억을
늘리는 일에 집중한다면
나쁜 기억은 자연히 희석된다

Chapter 5

ep32. 소유의 행복

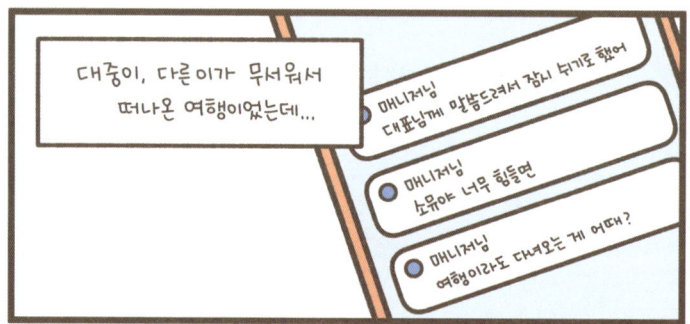

Chapter 5

ep33. 다시 만날 약속

지켜보고 있다

Chapter 5

ep 34. 트라에게 무슨일이?!

트라에게 무슨 일이?!

다음 이야기도 기대해주세요!
보너스 페이지로 이어집니다 ⇨

트라의 오뚝이집

가지 토마토

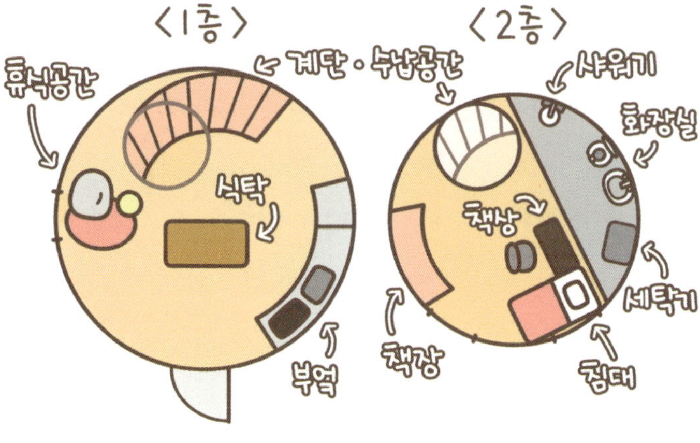

〈1층〉 ← 계단·수납공간
휴식공간
식탁
부엌

〈2층〉
샤워기
화장실
책상
세탁기
책장
침대

친구들 이름의 속뜻

본명은 보드라운
'솜'에서 따온 '놈'이고
'소뮤'는 가명이야

팬들과 하나가 되고 싶은
마음에 놈과 'You'를
합쳐서 소뮤라고 지었어♡

틀린 그림 찾기 (틀린 부분 10곳을 찾아보세요!)

정답은 마지막 페이지 →

마지막으로 우리가 행복을 찾는
방법을 알려줄게

에필로그

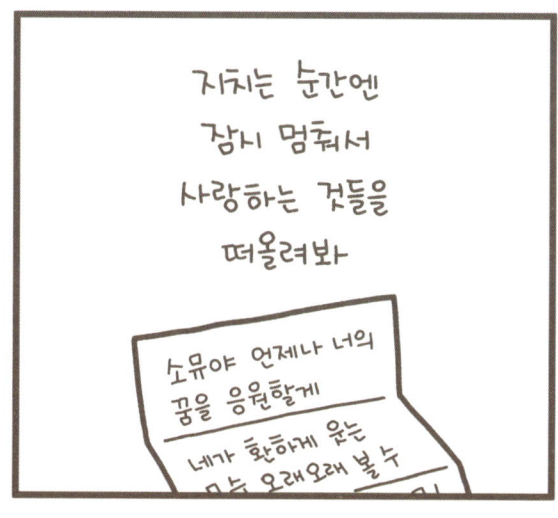

넘어져도 괜찮아

잠시 뉘어도 괜찮아

가끔 누워있어도 괜찮아

모두 찾으셨나요? :)

오뚝이, 가끔 누워있어도 괜찮아. 3

1판 1쇄 발행 2025년 1월 31일

지은이 이종운 지현정
펴낸 곳 도서출판 시도하다

등록번호 제 2023-000136 호
출판등록 2023년 7월 12일
주소 (우 06621) 서울특별시 서초구 서초대로74길 29 (서초동) 407호
대표전화 02-3673-3333

ISBN 979-11-984164-3-8 / 03810
트라는 도서출판 시도하다의 대표 캐릭터입니다.

이 책은 저작권법에 따라 보호받는 저작물이므로
무단전재와 무단복제를 금합니다.
이 책의 전부 또는 일부를 이용하려면 반드시 사전에
저작권자와 도서출판 시도하다의 서면 동의를 받아야합니다.

tra_toon_

본 저작물은 대한무역투자진흥공사에서 작성하여 공공누리 제1유형으로 개방한
'코트라 희망체(작성자:대한무역투자진흥공사)'를 이용하였으며,
해당 저작물은 공유마당, https://gongu.copyright.or.kr에서 무료로 다운받으실 수 있습니다.
네이버에서 제공한 나눔글꼴이 적용되어 있습니다.

· 책값은 뒤표지에 있습니다.
· 이 책 내용의 일부 또는 전부를 재사용하려면
  반드시 도서출판 시도하다의 동의를 얻어야 합니다.
· 잘못 만들어진 책은 구입하신 서점에서 교환해드립니다.

도서출판 시도하다는 여러분의 의견 하나하나를 소중히 받고 있습니다.
오탈자 제보, 제휴 제안은 sidohadabooks@gmail.com 으로 보내주세요.